AF242890

Brochure à 0.15 centimes

LES

PENSIONNÉS

DE LA

RÉPUBLIQUE

PAR

BONCHAM

L 57/b

Imprimerie Oct. CHAMBON

127, rue de Paris, 127

AUXERRE

LES
PENSIONNÉS
DE LA
RÉPUBLIQUE

PAR

BONCHAM

Imprimerie Oct CHAMBON

127, rue de Paris, 127

AUXERRE

LES
PENSIONNÉS
DE LA
RÉPUBLIQUE

Je dédie ce petit opuscule aux braves paysans de nos campagnes bourguignonnes. Je les connais, ils sont honnêtes, je les aime, car ils sont francs, et ils veulent qu'on leur parle le cœur sur la main.

C'est ce que je vais faire, mais là simplement.

A propos des Victimes

Je ne sais pas, ô braves paysans, si vous êtes comme moi, mais je suis révolté de voir pensionner, à nos frais, des individus qui sont le rebut de la société.

Les victimards du Deux-Décembre sont en effet, pour la plupart un ramassas de filous, quelques-uns ont été des scélérats.

Comme le sage n'affirme rien qu'il ne prouve, je tiens à expliquer :

1° Ce que c'est qu'une victime du Deux-Décembre.

2° Qu'est-ce qui paie les victimes ?

Et ensuite, nous tirerons une conclusion.

I

Qu'est-ce qu'une Victime ?

—

Je tiens à le définir nettement :

Une *victime* est un individu assez mal famé, un paresseux que la République nourrit en prenant dans la poche des contribuables, et cela sous prétexte que le susdit individu a été opprimé par l'empire.

Je ne suis pas suspect de parti-pris, je ne suis point impérialiste, par conséquent je ne viens ni louer ni blâmer le Deux-Décembre, mais me plaçant au simple point de vue de l'honnêteté, et du bon sens, j'affirme :

Que la pitié que l'on veut faire naître autour des victimards est une immense blague.

Pourquoi ?

Parce que dans cette tourbe de malandrins qui ont pris les armes au Deux-Décembre 1851, il n'y avait que des gredins et des imbéciles.

Les GREDINS, c'est-à-dire ceux qui ont exploité la situation pour s'en aller piller et voler, ne sont point dignes de pitié. Tout le monde sur ce point, est de mon avis.

Quant aux IMBÉCILES, qui se sont laissés entraîner dans cette bagarre, ma foi, tant pis ! je n'ai pas pitié d'eux, parce qu'en somme, les honnêtes gens ne sont point chargés de fournir une prime à la bêtise humaine.

Preuves

J'ai dit que le plus grand nombre des victimards étaient de vulgaires coquins. Les preuves abondent. Je les prends au hasard.

En voici un des plus en vue, Vésinier, ancien membre de la Commune. Veut-on savoir quels sont ses états de service ?

1° En décembre 1851, alors que personne ne songeait à lui, Vésinier filait en Belgique, puis en Suisse où Eugène Sue en fit son valet de chambre.

2° Sous la Commune, Vésinier joue un rôle, celui d'incendiaire. Ceci est écrit au long dans un ordre du jour du 23 mai 1871, signé des membres de la Commune. Je cite :

Le citoyen *Vésinier*, avec 50 hommes, s'ra chargé *spécialement* D'INCENDIER les boulevards de la Madeleine et de la Bastille.

Signé : DELESCLUZE, RANVIER, RÉGÈRE, BRUNEL, DOMBROWSKI.

Et en effet, pendant que l'Hôtel-de-Ville flamblait, le ciel s'empourprait d'une lueur sinistre dans la direction de la Madeleine et le feu prenait à plusieurs maisons du quartier. L'ordre donné à Vésinier avait été exécuté.

Par bonheur, Vésinier, flairant l'arrivée des Versaillais, avait décampé sur Londres sans tambour ni trompette.

Voilà le Vésinier du 2 décembre 1851, et le Vésinier de la Commune.

Et aujourd'hui, le *susdit* citoyen VÉSINIER touche, à titre de victime (?) DOUZE CENTS FRANCS de rente.

J'ai cité Vésinier, je pourrais en citer mille autres, aussi gredins, mais plus inconnus.

Dans l'Yonne par exemple, aussi bien que dans l'Aube et dans la Nièvre, interrogez le premier paysan que vous rencontrez dans un des villages qui ont le malheur de posséder des victimards — partout le brave homme vous répondra invariablement : Ah ! Monsieur, c'est honteux, c'est révoltant, l'insurgé d'ici a tué un gendarme, tel autre a été en prison pour vol, incendie, etc., etc. — Voilà ce qu'on vous répond partout.

Si je pouvais dire, si je pouvais écrire tout ce que j'ai là dans mon dossier. Jamais je n'ai rien vu de plus écœurant en fait d'infamie.

Dans les parages du Tholon, j'en trouve un qui a passé une partie de sa vie en prison, dont le père est mort au bagne à Toulon, dont la mère se suicida pour ne pas aller rejoindre son mari, dont le fils enfin a quitté le pays après vol et incendie.

Voulez-vous que je prenne l'une des routes qui vont de Pourrain à un village de la région, je trouve une *victime* bien connue dans le pays, qui se recommande de 5 ans de travaux forcés, non pour pas avoir haï l'empire, mais pour avoir VOLÉ et essayer de TUER... son berger.

Et dans cette Puisaye aussi féconde en victimards qu'en pâturages, qu'est-ce que je trouve donc ? Ce que je trouve ? Des scélérats plus ou moins notoires, des communards qui ont assommé des gendarmes, des débauchés qui vivent avec leur sœur, belle-sœur, que sais-je ? et surtout... ah ! surtout des ivrognes Le nombre en est incommensurable.

J'ai parlé tout à l'heure des bords du Tholon. Je pourrais citer, de ce côté, un victimard qui tous les jours — c'est la règle — se fait ramasser dans les ruisseaux, ivre comme un Polonais — Et ce n'est pas certes d'avoir trop bu l'eau du Tholon.

Voilà ce que sont les VICTIMES, du 2 décembre.

Abordons maintenant le deuxième point.

II

Qu'est-ce qui les paie ?

A coup sûr ce n'est pas le roi de Prusse. Est-ce M. Grévy ? Il est trop économe. Est-ce M. Gambetta ? Il aurait bien pu le faire avec les millions qu'il a *gagnés*... pendant la guerre. Eh bien, non, ce n'est ni M. Grévy, ni M. Gambetta, ni Paul Bert, ni Lepère, ni Gallot — ni Dethou, qui est lui-même pensionné...

Celui qui paie, c'est le PAYSAN, c'est la France, c'est vous qui lisez ceci, et c'est moi.

Voulez-vous savoir ce que nous payons à ce ramassis de victimards ? Je veux donner des chiffres précis, incontestés et incontestables pris dans l'*Officiel*, organe du gouvernement.

1º La loi du 30 juillet 1881 a alloué aux victimes du coup d'Etat du 2 Décembre 1851 des indemnités viagères s'élevant à la somme *annuelle* de   6,000,000

1º La loi du 7 août 1882 a accordé un supplément de   2,000,000

3º Un projet de loi présenté à la Chambre et adopté le 14 novembre 1882, porte ouverture d'un crédit de   440,000
____
Total   6,440,000

Entends-tu, brave paysan, mon frère, SIX MILLIONS QUATRE CENT QUARANTE MILLE francs de RENTES que la France devra payer à toute cette tourbe de personnages pour la plupart flétris!

Et j'appuie sur ce mot RENTES, car il a bien son importance.

Tous les ans, tant que durera la République, nous nous lèverons, le matin des étrennes, avec cette perspective charmante : que, dans l'année, on nous fera tirer de nos poches, par le moyen des impôts, 6,440,000 fr. pour l'entretien de gens que nous ne voudrions pas même pour domestiques.

Qu'on n'objecte pas que les victimards sont vieux, et qu'il en passera beaucoup de vie à trépas ! La loi a tout prévu :

La rente, la pension est reversible sur les enfants, c'est-à-dire qu'à la mort du victimard, c'est sa jolie progéniture qui hérite.

Avais-je raison de dire que tout cela est révoltant, immoral, écœurant.

Et quand on pense, écrivait l'autre jour un de mes amis, quand on pense que de braves agriculteurs, que des travailleurs opiniâtres arrivent chaque année avec des difficultés inouïes à verser dans les mains du percepteur les impôts dont ils sont ACCABLÉS, et que *cet argent* si péniblement amassé servira à entretenir la paresse des fainéants, à augmenter le menu des ivrognes, à permettre à quelques filous de faire les muscadins... on se sent découragé et indigné. On se demande avec raison si la République n'a pas pris à tâche de démoraliser la nation, d'encourager le vice, de préparer l'abaissement des caractères et la dépravation des mœurs.

Eh bien, oui — et je conclus — c'est à la République que nous devons cette exploitation indigne de la fortune de la France.

Il y a des républicains, des républicains honnêtes qui me liront. Ceux-là, je les adjure de réfléchir un instant et de regarder ce qui se passe :

1° La République outrageant ce qui a droit au respect;

2° La République violant la liberté jusqu'au foyer domestique, allant chercher l'enfant jusque dans la famille, le forçant, malgré son père, à recevoir un enseignement malsain;

3° La République enfin, fouillant nos poches, prenant ce que nous avons acquis à la sueur de notre front, pour nourrir quoi, des gredins !

Voilà, voilà son histoire!

Républicains honnêtes, voyons, la main sur la conscience, est-ce que je n'ai pas raison? Est-ce qu'il ne saute pas aux yeux de tout le monde, qu'autour de nous il n'y a plus que des ruines : Plus de respect pour la Religion, plus de respect pour la famille, plus de caractères, plus de moralité..... et, à côté de cela, les affaires qui languissent, le commerce qui se ralentit, l'agriculture écrasée, l'argent qui manque..... c'est-à-dire, en un mot, la fortune morale et matérielle de la Patrie livrée à des incapables, à des prodigues et à des exploiteurs.

Mes lecteurs me permettront de finir par

Deux piquantes histoires

Deux rentiers se présentaient, il y a quelques jours, au bureau de la trésorerie générale à Poitiers.

— Vos titres, messieurs, dit le caissier.

L'un d'eux, ancien soldat, qui a consacré les trente plus belles années de son existence, au service et à la défense du pays, l'exhibe militairement. Ce titre lui accorde 80 francs par mois.

L'autre cherche... il paraît embarrassé, on le voit rougir, puis pâlir.... il tremble ; on dirait qu'il a fait une mauvaise action. Enfin il le trouve.

Cet individu était un de ces nouveaux pensionnés du gouvernement de la République que l'on désigne, par euphémisme hardi, sous le nom de victimes du Deux Décembre.

Il venait toucher modestement 700 francs d'un coup.

— Vous devriez bien au moins, monsieur le caissier, dit l'ancien militaire cédant à un mouvement de légitime indignation, avoir dans vos bureaux deux guichets : l'un pour les honnêtes gens, et l'autre pour... ceux de cette catégorie.

*
* *

Un commis du gouvernement a eu l'idée d'exploiter les victimards du 2 Décembre 1851.

Robert Bruch était employé au ministère de l'intérieur, où son travail consistait à mettre au net les listes des allocations faites aux pauvres pensionnés de la République. C'est de cette situation qu'il a su tirer parti.

Bruch procédait, d'ailleurs, avec la plus

grande simplicité. Il s'adressait à celles des « victimes » qui avaient obtenu des indemnités peu élevées, ou qui étaient menacées de réductions, et leur offrait de faire augmenter leur pension—sans leur dire comment,—mais en stipulant, toutefois, comme condition, que ses protégés lui abandonneraient, durant trois ans, la moitié du supplément qu'il leur aurait fait obtenir.

Pour arriver à son but, notre malin commis devait nécessairement falsifier les listes de pensions... et ses tripotages furent bientôt découverts.

Sept fraudes de cette nature, concernant une dame veuve Caumont et les nommés Silonie, Moulin, Béjard, Demurs, Vincent et Relu, ont été seulement prouvées, — mais on a de fortes raisons pour croire que l'ingénieux bureaucrate a « travaillé » sur une plus large échelle.

Les faux acquis à la charge de Bruch ont néanmoins suffi pour motiver son renvoi devant la Cour d'assises.

Le jury s'est montré bon prince envers ce faussaire : il lui a accordé des circonstances atténuantes et ne l'a condamné qu'à trois années de prison.

Mais en attendant, c'est le contribuable qui paye !

BONCHAM.

Auxerre. — Typ. Oct. CHAMBON, rue de Paris, 127